LIVELLO 4 • B1
2000 parole

OPERA!

Alessandro De Giuli • Ciro Massimo Naddeo

Letture Italiano Facile

redazione: Chiara Sandri
progetto grafico e copertina: Lucia Cesarone
impaginazione: Gabriel de Banos
illustrazioni: Giampiero Wallnofer

A cura di Alessandro De Giuli: da pagina 28 a pagina 43
e da pagina 56 a pagina 64
A cura di Ciro Massimo Naddeo: da pagina 5 a pagina 28
e da pagina 43 a pagina 55

Printed in Italy
ISBN 978-88-6182-390-7
prima stampa nuova edizione: luglio 2015

ALMA Edizioni
via Bonifacio Lupi, 7
50129 Firenze
info@almaedizioni.it
www.almaedizioni.it

audio online su
www.almaedizioni.it/italiano-facile

INDICE

PERSONAGGI

Antonio Esposito

Giuseppina Reggiani
la cantante

Gegia
la segretaria

Antonietta
la giovane cantante

Enea
il violinista

Alba
la violoncellista

il direttore
d'orchestra

Ivan
il cantante bulgaro

PROLOGO

La ragazza

traccia 1

Venezia, Febbraio 1999

Il braccio era vicino al telefono. Forse la ragazza aveva cercato di chiamare qualcuno, ma poi non aveva avuto il tempo di farlo. I lunghi capelli neri scendevano sul viso e coprivano gli occhi. Sul collo c'era una lunga linea viola. Da qui era uscito molto sangue, era caduto sul letto e poi sul pavimento. Dalla finestra, che era aperta, entrava la luce di un mattino grigio. A Venezia il cielo è sempre un po' triste.

"La ragazza è morta tra l'una e le due di questa notte", ha detto il medico. "L'assassino l'ha uccisa con un rasoio."

Il commissario di polizia Pino Occhiofino si è acceso una sigaretta. Ha guardato ancora una volta il corpo della ragazza e poi ha preso qualcosa dal tavolo vicino al letto.

"E questo cos'è?", ha domandato.
"È musica classica, commissario. Quando la cameriera è entrata nella camera, stamattina, ha detto che c'era questo cd che girava nello stereo. Deve aver suonato tutta la notte."

Il commissario ha messo il cd nello stereo. L'ha ascoltato per qualche secondo.

"Che musica triste...", ha detto.

note

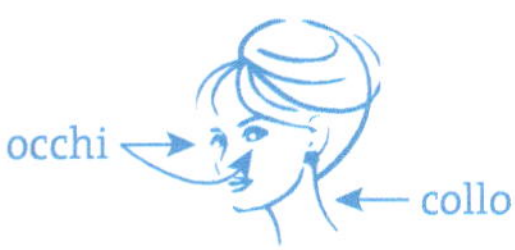

pavimento • la parte della casa dove si cammina

rasoio

commissario • ispettore di polizia

cameriera • donna che lavora in albergo *La cameriera pulisce le camere dell'albergo.*

"È il Requiem di Verdi, commissario: musica per i morti."

La camera era piena di poliziotti. Li aveva chiamati il direttore dell'albergo un'ora prima, quando la cameriera era entrata per fare le pulizie e aveva trovato la ragazza sul letto, morta.

"Avete saputo chi era? Che cosa faceva?"
"Era una cantante d'opera. Sembra che sia arrivata ieri sera da Milano insieme a un gruppo di musicisti. Si chiamava Antonietta."
"Va bene, andiamo a sentire questi musicisti."

Il commissario Occhiofino è uscito dalla camera. Era un po' nervoso. Quella mattina non iniziava bene per lui, erano appena le dieci e c'era già un brutto lavoro da fare: trovare un assassino non è una cosa facile.

"E quello chi è?", ha chiesto al poliziotto che stava in piedi davanti alla porta.
"Non lo so, commissario, voleva entrare a vedere e io l'ho fermato."
"Sono un detective privato", ho detto, "mi chiamo Antonio Esposito."

Il commissario Occhiofino è diventato ancora più nervoso: come tutti i poliziotti, non amava i detective.

"Cosa fa qui? Che vuole?"
"È una storia un po' lunga, commissario. Se mi lascia parlare, Le spiego tutto."

Il commissario Occhiofino mi ha guardato malissimo, con i suoi occhi da poliziotto un po' stupido.

"Va bene", ha detto, "sentiamo questa storia."

Mi sono acceso anch'io una sigaretta e ho iniziato a raccontare.

fai gli ESERCIZI
vai a pagina 48

PARTE PRIMA

Il proprietario

traccia 2

Tutto è cominciato una sera di qualche giorno fa. Era venerdì. A Milano pioveva forte e faceva freddo. La mia vecchia Volkswagen si era fermata in mezzo alla strada, lasciandomi a piedi. Per tornare a casa avevo camminato due chilometri sotto la pioggia ed ero arrivato con i vestiti bagnati e i piedi gelati. Avevo i reumatismi e il riscaldamento era rotto. Che fare? Di solito in questi casi mi preparo una buona cena. Così alle otto ho iniziato a mangiare: spaghetti, pollo al marsala e patate. In quel momento il proprietario, che abitava al piano di sotto e certamente mi aveva visto entrare, ha bussato alla porta.
Era un tipo basso, con gli occhiali, una di quelle persone che quando parlano non ti guardano in faccia.

"Sono qui per i soldi dell'affitto", mi ha detto, "due mesi di ritardo, Lei mi capisce..."

Lo capivo, ma i soldi io non li avevo, si sa com'è il lavoro di un detective, ci sono dei mesi buoni ed altri meno.

"Senta", gli ho detto, "questo mese il lavoro è andato male, ho avuto pochissimi clienti; però Le darò i suoi soldi, non si preoccupi; deve solo avere un po' di pazienza, aspettare ancora qualche giorno. Lei, invece, non ha visto che il riscaldamento è rotto? Che cosa pensa di fare? Ha intenzione di ripararlo o vuole farmi morire di freddo?"
"Prima paghi l'affitto e poi parliamo del riscaldamento", mi ha risposto. E ha continuato "Vede signor Esposito, il mio sbaglio è stato di affittare la casa ad uno come Lei, che è di Napoli; con voi

note

reumatismi • dolori alle ossa.
riscaldamento • il riscaldamento serve per scaldare la casa *Quando fa freddo, accendo il riscaldamento.*
marsala • vino tipico della Sicilia, dolce e profumato.
ripararlo • sistemarlo, aggiustarlo, rimetterlo in funzione *Questo orologio non va, devo ripararlo.*

meridionali non si sta mai tranquilli, c'è sempre qualche problema. La verità è che l'Italia si divide in due: noi del nord, che lavoriamo e siamo tutta gente onesta, e voi del sud, che invece non avete voglia di far niente e venite qui a rubarci i soldi. E non pensi che sono razzista."
"Abito a Milano da vent'anni", ho detto io, "e discorsi come i suoi ne ho sentiti tanti. Quello che penso non Glielo dico, perché con gente come Lei non parlo. E adesso per favore se ne vada, devo ancora mangiare e la cena diventa fredda."

Poi ho chiuso la porta e sono tornato a tavola. Lui è rimasto lì, dietro la porta, l'ho sentito mentre gridava "Le do ancora una settimana, non un giorno di più!", quindi è andato via.
Ho pensato: "Questo mondo è pieno d'idioti e i proprietari di case sono i peggiori di tutti, ma adesso è meglio non pensarci, mi mangio questo piatto di spaghetti e ci bevo sopra un bicchiere di Chianti."
Poi di bicchieri ne ho bevuti quattro, perché senza il riscaldamento faceva proprio freddo, e alla fine per scaldarmi mi sono messo anche il cappotto.
Più tardi, mentre mangiavo il pollo, ho sentito di nuovo bussare, ma questa volta non era il proprietario. Davanti alla porta c'era un ragazzo di circa vent'anni, alto, magro e con i capelli lunghi.

"Pollo al marsala", mi ha detto, "non mi posso sbagliare, si sente dal profumo, mia madre lo faceva sempre. Posso entrare?"

Non lo conoscevo. Che cosa voleva?

"Vengo dal Teatro dell'Opera", ha continuato, "lavoro alla biglietteria della Scala. La direzione mi ha detto di portarLe questo. Non mi chieda perché."

Mi ha dato una busta bianca, con sopra il mio nome e il mio indirizzo. Dentro c'era un biglietto con un invito per il giorno dopo. L'opera in

▸ note

meridionali • gente del sud
I meridionali vivono al sud, i settentrionali al nord.

cappotto

Scala • è il nome del Teatro dell'Opera di Milano.

programma era *La Bohème* di Giacomo Puccini.

"Forse c'è uno sbaglio", ho detto, "io non aspettavo nessun invito. Dev'essere per qualcun altro. Però Puccini mi piace e *La Bohème* è una grande opera."
"Allora lo tenga. Se Le piace Puccini, è un'occasione da non perdere. Nel cast c'è Giuseppina Reggiani, la famosa soprano. La conosce?"
"Sì, ha una voce fantastica. Lei ha ragione: credo che terrò il biglietto."

fai gli ESERCIZI
vai a pagina 49

La cantante

traccia 3

Il commissario Occhiofino mi guardava con occhi impazienti. Stava diventando nervoso.

"Senta signor Esposito, io non ho tempo da perdere. Qui è morta una ragazza e Lei mi parla di spaghetti e pollo al marsala!"
"Mi lasci finire, signor commissario. Le avevo detto che la storia era un po' lunga. Allora, dov'ero arrivato... Ah sì: a *La Bohème*. Dunque, la sera dopo sono andato alla Scala e ho ascoltato l'opera. Giuseppina Reggiani ha cantato benissimo. Era una donna grande e grossa, con una voce molto bella. Alla fine, quando tutto il pubblico si è alzato per lasciare il teatro, un uomo con un vestito blu è venuto a chiamarmi.

"Venga", mi ha detto, "la signora Reggiani L'aspetta."

L'ho seguito per un lungo corridoio e poi per una scala di due piani che

note

soprano • cantante d'opera (donna) *Maria Callas era una grande soprano.*
impazienti • nervosi, il contrario di "pazienti" *Carlo e Mario sono impazienti, non vogliono aspettare.*

portava nella parte del teatro riservata agli artisti. L'uomo ha aperto una porta e mi ha invitato ad entrare.
Giuseppina Reggiani era seduta di fronte allo specchio. Davanti a lei c'era una grande torta al cioccolato. La cantante la mangiava velocemente, con le mani. Era grassa, ma aveva begli occhi e un sorriso un po' triste che la faceva sembrare simpatica.

"C'è un pazzo che vuole uccidermi", mi ha detto, "e la cosa non è divertente."
"Sentiamo", ho detto io.

Mi sono seduto su una sedia e mi sono acceso una sigaretta. Poi, siccome continuava a mangiare e non parlava, ho chiesto:

"Allora, cos'è questa storia? Perché pensa che qualcuno La voglia uccidere?"
"Hanno già ucciso Rocco", ha risposto.
"Chi è Rocco?"
"Il mio gatto. Era bellissimo, bianco e marrone. Sembrava uscito da un film di Walt Disney."
"Odio Walt Disney", ho detto, "e di gatti non mi occupo: sono un detective, non la Protezione Animali."
"Hanno cercato di uccidere anche Gegia", ha detto lei.
"Ma quanti gatti ha?"
"Gegia non è un gatto, è la mia segretaria."
"Ah, allora le cose cambiano."
"L'altra sera qualcuno l'ha aggredita qui dentro al teatro. Ha cercato di colpirla con un rasoio. Lei è scappata, per salvarsi si è buttata dalla finestra del secondo piano. Adesso è all'ospedale, con le gambe e le braccia rotte."

La cantante ha preso un altro pezzo di torta, poi ha continuato:

"Guardi questa lettera, è arrivata ieri."

▸ note

odio (inf. odiare) • non amo, non mi piace *Odio il mare e amo la montagna.*
l'ha aggredita (inf. aggredire) • ha cercato di ucciderla, di farle del male.

L'ho letta. Non c'era scritto molto, solo due parole:

Morirete tutte.

"Quell'uomo non scherza", ha detto la cantante, "Lei deve scoprire chi è, prima che mi uccida."
"D'accordo, ma Le costerà un po'. È un lavoro difficile."
"I soldi non mi mancano, sono una cantante famosa, ho successo. E poi lo so bene: oggi la vita costa cara."
"In tutti i sensi", ho detto io.

Lei ha sorriso, mostrandomi la bocca sporca di cioccolata. La torta era quasi finita.

"Non Le ho chiesto se ne vuole un po'."
"Grazie, non mangio cioccolata. Solo dolci alla frutta."
"Lei è uno strano tipo, signor Esposito, però mi è simpatico."

In quel momento qualcuno ha bussato alla porta. È entrato un uomo alto, con un guanto nero alla mano sinistra. Era il direttore d'orchestra. Mi ha guardato un momento e poi si è girato subito verso la donna:

"Torta al cioccolato", ha detto, "l'hai mangiata di nuovo. Lo sai che non puoi."

La cantante ha abbassato gli occhi. Sembrava dispiaciuta.

"Avevi promesso di non farlo", ha continuato lui, "e invece guardati: sei tutta sporca, hai la cioccolata anche nel naso."
"Hai ragione", ha detto lei, "ho sbagliato; ma tu mi conosci, i dolci mi piacciono e la cioccolata è la mia passione."

▸ note

guanto 

direttore d'orchestra 

E lui:

"Va bene, adesso pulisciti, per questa volta ti perdono."

Poi si è girato verso di me:

"Mia moglie non può mangiare dolci, il medico gliel'ha proibito."
"Certi medici sono dei criminali", ho detto io.

Mi sono acceso un'altra sigaretta. La notizia che Giuseppina Reggiani era sposata con il direttore d'orchestra mi aveva un po' sorpreso. L'uomo si è seduto; si è tolto la giacca, ma non il guanto.

"Le è piaciuta?", mi ha chiesto.
"La torta? L'ha mangiata tutta lei."
"Parlavo dell'opera..."
"Ah, l'opera... Sì, certo; sua moglie è bravissima."
"È vero, ma ogni tanto ha delle strane idee. Adesso, per esempio, crede che ci sia qualcuno che la vuole uccidere. È morto il gatto, questo è tutto. Uno scherzo idiota di qualche ragazzo."
"Anche quello che è successo alla segretaria era uno scherzo?"
"Questa è un'altra storia. Quella donna ha un cattivo carattere. Probabilmente ha avuto una brutta discussione con qualcuno."
"E la lettera?"
"Ci sono tanti stupidi", ha risposto lui.
"Va bene", ho detto io alzandomi, "visto che è tutto chiaro, non c'è più bisogno di me. Buonasera e grazie per l'invito: l'opera era bellissima."
"Aspetti" ha detto la cantante, "non ascolti mio marito. Sono io che La pago. Prenda questi soldi e cominci il lavoro. E per favore: trovi quel pazzo."

fai gli ESERCIZI
vai a pagina 50

note

carattere • personalità *Paolo ha un buon carattere, è gentile e simpatico.*

La segretaria

traccia 4

"Senta, signor Esposito, io ancora non capisco dove vuole arrivare. Stanotte, qui a Venezia, è morta una ragazza che si chiama Antonietta. Lei invece mi parla di Milano, di Gegia e di Giuseppina Reggiani."

Il commissario Pino Occhiofino aveva fretta. Come tutti i poliziotti, non sapeva ascoltare.

"Ancora un po' di pazienza, signor commissario, fra poco arrivo a Venezia e ad Antonietta", ho detto. Poi ho continuato a raccontare. "Allora, quando quella sera sono uscito dal teatro, ho pensato: per cominciare, andrò a conoscere la segretaria. Forse questa Gegia ha qualcosa d'interessante da dire."

Così il giorno dopo sono andato all'ospedale. Ho chiesto a un'infermiera il numero della stanza e sono entrato.
Sul letto c'era una donna grassa, brutta. Dal modo in cui mi guardava si capiva che non stava bene, ma né le braccia né le gambe sembravano rotte.

"Le devo fare alcune domande", ho detto. "Sono un detective, mi chiamo Antonio Esposito."
"Domande? Che domande? Non lo vede che sto male?"
"Lo so che sta male, è per questo che sono qui. E comunque non si lamenti: dopo tutto è stata fortunata, poteva andarLe peggio."
"Ma che dice? Si può sapere cosa vuole da me?"
"Voglio solo che mi racconti cosa è successo quella sera", ho spiegato, "e chi era quell'uomo, che cosa Le ha detto... Allora, da dove

▶ note

infermiera • donna che lavora in ospedale con i malati.
non si lamenti (inf. lamentarsi) • non protesti, non pianga *Non si lamenti signorina, la vita è bella.*

cominciamo?"
"Lei è un pazzo. Esca subito da qui o chiamo l'infermiera."

A questo punto mi sono innervosito.

"Senti, brutta grassona", ho detto mettendole un dito sulla faccia, "credi che sia divertente per me stare qui a parlare con te? Cerca di non fare la stupida e rispondi alle domande!"
"Maleducato! Non Le permetto di parlarmi in questo modo... Vada via!"
"Allora non hai capito", ho continuato, "la signora Reggiani mi paga per fare questo lavoro e io non me ne andrò da qui finché non avrai risposto alle mie domande, è chiaro?"
"Scusi, ma Lei chi cerca?"
"Cerco Gegia, stanza 321."
"Questa è la 322, la 321 è quella di fronte. Io mi chiamo Renata, ho due by-pass e non mi posso arrabbiare. E adesso per favore chiami l'infermiera: mi sento malissimo."

Qualche minuto dopo, finalmente, ho parlato con Gegia. Stava a letto come una mummia, con le gambe alzate e le braccia sul petto. Non era brutta, ma aveva un viso lungo e magro come un quadro di Modigliani e un modo di parlare un po' nervoso.

"Quella sera sono rimasta in teatro più del solito", mi ha detto. "C'erano molte cose da fare e così alle nove non avevo ancora finito. Siccome ero stanca ho deciso di continuare il lavoro a casa. Mi trovavo al terzo piano, nella parte riservata agli uffici, e a parte me nel teatro a quell'ora c'era solo il portiere, che però stava al piano terra, vicino all'entrata. Ho attraversato i corridoi bui; mi ricordo che in quel momento la radio interna del teatro diffondeva il Requiem di

note ◂

mi sono innervosito (inf. innervosirsi) • sono diventato nervoso, mi sono arrabbiato.

mummia

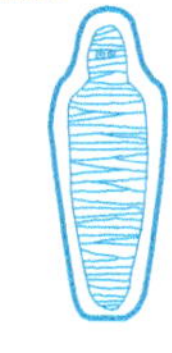

Modigliani • pittore italiano del '900, famoso per le sue donne dal viso lungo e magro.

diffondeva (inf. diffondere) • mandava, trasmetteva *La radio diffondeva una musica molto bella.*

Verdi e dentro di me ho avuto un po' di paura, perché quel Requiem è bellissimo, ma di sera, nel teatro vuoto, fa una strana impressione. A un certo punto ho sentito dei rumori dietro di me, è stato un momento, mi sono girata e ho visto un uomo con un rasoio in mano. Ho gridato, ho chiesto aiuto, ma la musica era troppo forte; allora ho cominciato a correre, sono scesa fino al secondo piano, lui mi è venuto dietro e ha cercato di colpirmi con il rasoio; così, quando ho visto che la finestra era aperta, non ci ho pensato troppo: ho chiuso gli occhi e mi sono buttata. Ora eccomi qui, ho le gambe e le braccia rotte, però grazie a Dio sono viva."

"Ha visto il viso di quell'uomo?", ho chiesto.

"E come è possibile", ha detto lei, "era tutto buio, non si vedeva niente. L'unica cosa che mi ricordo è quel rasoio che aveva in mano, Dio mio che paura, non ci posso pensare, ce l'ho ancora davanti agli occhi; ma lui proprio no, io non l'ho visto, e questo l'ho detto anche alla polizia quando è venuta: domandatemi tutto, ma non com'era fatto quell'uomo, perché non lo so. Io in quel momento pensavo solo a scappare e certo non mi sono fermata a guardarlo. Ma adesso per favore mi lasci riposare. Stanotte non ho dormito e sono stanchissima."

fai gli ESERCIZI
vai a pagina 51

La giovane cantante

traccia 5

Quando sono uscito dall'ospedale è cominciato a piovere. Sono andato verso la macchina ma una ragazza mi ha fermato.

"Allora, cosa Le ha detto?", mi ha chiesto.

"Eh?"

"Lei non è il signor Esposito? L'investigatore privato?"

"Sì, sono io."

"Gegia...", ha continuato lei, "non Le ha detto niente del pazzo?"

"Sì, mi ha spiegato tutto. Ma scusi: Lei chi è?"

Stava piovendo forte. Eravamo in mezzo alla strada e ci stavamo bagnando. Avevo i reumatismi.

"Mi chiamo Antonietta", ha risposto lei, "Le devo parlare."
"Qui?"
"Qui o in un altro posto per me è lo stesso."
"Allora entriamo in macchina. Non ho voglia di fare la doccia."

La ragazza era una di quelle che non si dimenticano: alta, magra, con un bel viso dolce, occhi verdi e lunghi capelli neri.

"Sono una delle cantanti de *La Bohème*", mi ha detto quando siamo entrati in macchina. "Sono venuta a trovare Gegia. Quel pazzo vuole uccidere anche me. Guardi questa."

Era una lettera uguale a quella che mi aveva dato Giuseppina Reggiani. C'erano scritte le stesse parole: "Morirete tutte."

"Quando l'ha ricevuta?"
"L'altro giorno. All'inizio ho pensato a uno scherzo, ma dopo quello che è successo a Gegia... Come stava?"
"Come una che ha visto la morte in faccia. Ora dorme, non è un buon momento per vederla."
"Allora tornerò domani. Adesso vado in teatro. Arrivederci, signor Esposito."
"Aspetti, sta piovendo. Se non Le dispiace, L'accompagno."

La ragazza ha guardato prima me e poi la mia macchina.

"Con questa?", ha detto.
"Stia tranquilla: è vecchia ma cammina ancora."

La macchina è partita facendo un gran rumore, però questa volta non si è fermata. Quando siamo arrivati in teatro, abbiamo incontrato Giuseppina Reggiani. Stava mangiando dei bignè al cioccolato.

"Ne volete uno?", ci ha chiesto.
"No, grazie. La cioccolata non mi piace", ho risposto.

Le due cantanti hanno parlato un po' tra loro, poi Giuseppina Reggiani mi ha fatto una proposta.

> "Tra due giorni iniziamo la tournée: *La Bohème* va a Venezia. Lei viene con noi, non è vero?"

Ci ho pensato un momento: mi pagava il viaggio e l'albergo, pranzo e cena nei migliori ristoranti. A casa mia morivo di freddo e giravo con il cappotto. Le ho detto di sì.
Così ieri sera sono arrivato a Venezia. Ho cenato in albergo con i musicisti e poi sono andato a dormire. Questa mattina, quando mi sono svegliato, Antonietta era morta.

fai gli ESERCIZI
vai a pagina 53

PARTE SECONDA

Il commissario

traccia 6

"Questa storia non mi piace", ha detto il commissario Occhiofino quando ho finito di raccontare.

Il cielo di Venezia adesso era scuro. Stava per piovere. Nell'albergo continuavano ad arrivare poliziotti.

"Se ho capito bene", ha detto il commissario, "l'assassino è un pazzo che sta cercando di uccidere le donne che lavorano ne *La Bohème*."
"Esatto commissario: prima Gegia e adesso Antonietta. E il metodo è sempre lo stesso: rasoio e Requiem di Verdi."

Stavamo scendendo le scale dell'albergo per andare nella hall, dove c'erano gli altri artisti. I poliziotti stavano portando via il corpo della ragazza.

"Il Requiem", ha ripetuto il commissario, "è vero; tutte e due le volte c'era quella strana musica che suonava. Ma che cosa significa?"
"Non lo so. Forse al nostro amico piace Verdi", ho detto io.

Il commissario Occhiofino ha sceso l'ultimo piano di scale. Poi si è fermato davanti alla porta della hall.

"Andiamo a sentire questi artisti", ha detto.

Per tutta la mattina la polizia ha ascoltato i musicisti, ma all'ora in cui Antonietta era morta, tutti dormivano. Anche sulle ultime ore di vita della ragazza non si avevano molte informazioni: la sera, verso le dieci, qualcuno l'aveva vista salire nella sua camera, poi nessuno sapeva più niente.

"Brutta storia", ha ripetuto il commissario Occhiofino mentre lasciava l'albergo.

fai gli ESERCIZI
vai a pagina 54

Il violinista

traccia 7

Fare il caffè è un'arte difficile: c'è chi la conosce bene, chi abbastanza, chi solo un po'. Il barista dell'albergo non la conosceva per niente.

"Lei è un criminale", gli ho detto, "questa roba la dia ai turisti."

Fuori pioveva. Avevo i reumatismi e anche un po' di mal di testa. Non era la mia giornata. Forse non era neanche la mia settimana. Né il mio mese...
Il bar era pieno di musicisti. Uno di loro, un signore un po' anziano con i capelli bianchi, mi ha chiesto una sigaretta.

"Il medico me l'ha proibito", mi ha detto, "ma io non lo ascolto: tanto prima o poi dobbiamo morire tutti."
"Mi sembra giusto", ho sorriso.
"Lei dev'essere quel detective che lavora per la signora Reggiani, mi sbaglio?"
"No, non si sbaglia. Sono io."
"Sa, dopo quello che è successo, noi musicisti cominciamo ad avere un po' di paura. Ma mi scusi, non mi sono ancora presentato: mi chiamo Enea e suono il violino nell'orchestra."
"Piacere. Io mi chiamo Antonio... Antonio Esposito."
"Meridionale?"
"Sì, di Napoli."
"Ah, di Napoli... Come la mia ex moglie: trent'anni terribili."
"Anche Lei è contro i meridionali?"
"Ma no, cosa ha capito... Io sono contro il matrimonio!"

Abbiamo riso. Questo Enea era una persona simpatica.
Mentre parlavamo, nel bar è entrato anche il direttore d'orchestra. Si è

▸ note

roba • cosa (si usa per qualcosa di molto generale) *Cos'è questa roba?*
anziano • vecchio (si usa per le persone) *Il papà di Mario è anziano, ha settant'anni.*

seduto a un tavolo e ha ordinato un Martini. Aveva il solito guanto nero alla mano sinistra.

"Molti anni fa ha perso la mano in un incidente", mi ha detto Enea, "e adesso ne ha una di legno. Però è ancora un bell'uomo e con le donne ha un grande successo. Specialmente con quelle giovani e carine."
"E la moglie?", ho chiesto.

Enea ha spento la sigaretta. È venuto più vicino per non essere ascoltato dagli altri musicisti.

"Senta, signor Esposito, lo sanno tutti perché l'ha sposata. Non certo per amore. Prima di conoscere Giuseppina Reggiani quell'uomo non era nessuno e adesso lavora solo perché è suo marito, questa è la verità. Ma lei, povera donna, è troppo innamorata per capirlo. Come si dice: l'amore è cieco."

fai gli ESERCIZI
vai a pagina 55

La violoncellista

traccia 8

La sera, per chiarirmi le idee, sono uscito a fare una passeggiata. Vicino a piazza San Marco ho trovato un ristorante che proponeva cucina tipica. Il proprietario era un uomo dalla faccia simpatica.

"Se il signore mi permette, come primo Le consiglio i ravioli di ricotta. Li prepara mia moglie e in tutta Venezia nessuno li fa così buoni. E poi Le porto anche una bottiglia di Bardolino. Con i ravioli è il vino che ci vuole."
"Va bene", ho detto, "accetto il consiglio."

note

cieco • non vede, non ha occhi
Quell'uomo è cieco, non vede niente.

ravioli di ricotta • tipo di pasta ripiena.

La moglie mi ha servito la cena. Era una signora di circa cinquant'anni, petto grande e braccia muscolose, più simile a un uomo che a una donna, però il marito aveva ragione: i suoi ravioli erano fantastici.

"Il segreto è mettere due uova nella ricotta", mi ha spiegato, "e poi due cucchiai di parmigiano. I ravioli devono essere molto grandi, perché così si cuociono meglio. Io li faccio da trent'anni e sono buonissimi."

Mi ha scritto la ricetta su un foglio e me ne ha portati ancora un po'. Mentre mangiavo, mi sono accorto che a un tavolo alla mia destra era seduta una musicista dell'orchestra. Quando mi ha visto, si è avvicinata per parlarmi.

"Mi chiamo Alba e suono il violoncello nell'orchestra", mi ha detto. "Lei conosce Vivaldi?"

Come domanda era un po' strana.

"Antonio Vivaldi, il grande musicista? Certo che lo conosco. Ha scritto delle cose bellissime."
"Era veneziano, come me. Lo chiamavano il prete rosso, perché era un prete e aveva i capelli rossi. Così io e lui abbiamo due cose in comune: la città e i capelli."
"È vero, anche Lei ha i capelli rossi. Ma perché mi racconta queste cose?"
"Così, era un modo per iniziare la conversazione. Mi posso sedere al Suo tavolo?"

Stavo per dirle di sì, ma lei si era già seduta. Era una ragazza carina, con lunghi capelli rossi ed occhi intelligenti. Non doveva avere più di venticinque, ventisei anni.

"Ero molto amica di Antonietta", mi ha detto, "e stamattina, quando è arrivata la polizia, stavo così male che non ho avuto la forza di

▸ note

muscolose • molto forti, grandi
Hulk ha delle braccia molto muscolose.

violoncello

prete

parlare con nessuno. Ma adesso non posso più aspettare. So che Lei è un detective e Le vorrei dire una cosa importante."

"Sentiamo."

"Si tratta del direttore d'orchestra. Forse Lei non lo sa, ma tra lui e Antonietta c'era una relazione sentimentale."

"Questo m'interessa più di Vivaldi", ho detto. "Continui."

"Si erano conosciuti qualche mese fa a Milano, mentre lavoravano ne *La Traviata* di Verdi, ed erano diventati amanti. Naturalmente era una relazione segreta e la signora Reggiani non ne sapeva niente. All'inizio le cose tra loro andavano bene, ma poi sono cominciati i problemi. Lui era molto geloso e questo ad Antonietta non piaceva. Non si sentiva libera. Proprio ieri sera, prima di essere uccisa, Antonietta ha parlato con me. Mi ha detto che era stanca di quell'uomo e che voleva lasciarlo. Gli aveva dato un appuntamento alle dieci nella sua camera per dirgli questo. Perciò io sono sicura: è lui l'assassino."

"Se è così", ho detto, "perché ha cercato di uccidere anche Gegia? E perché ha scritto quelle lettere alla moglie e ad Antonietta?"

La ragazza non mi ha lasciato il tempo di finire la domanda: si è alzata ed è uscita dal ristorante.

"Signorina!", ho gridato. "Dove va?"

Sono corso fuori. Era buio; il mare, davanti a noi, aveva un colore verde scuro. La violoncellista si è girata per parlarmi un'ultima volta:

"Le ho già detto troppo, ora mi lasci andare."

Poi mi ha salutato ed è scomparsa nella notte.

fai gli ESERCIZI
vai a pagina 56

Il direttore d'orchestra

traccia 9

Non so se conoscete *La Bohème*. Siamo a Parigi, nel 1800. Rodolfo è un poeta senza soldi, Mimì una donna giovane e bella. I due s'innamorano e vivono una grande passione ma lei, che è molto malata, alla fine muore. Insomma, una storia romantica e tragica.
La scena più bella dell'opera è alla fine del primo atto. Fino a questo momento noi abbiamo conosciuto solo Rodolfo e di Mimì ancora non sappiamo niente. Adesso, finalmente, i due s'incontrano. È una scena famosa: Mimì, che abita nello stesso palazzo, bussa alla porta di Rodolfo e gli chiede di accenderle un lume. Rodolfo la invita ad entrare e le offre da bere; poi le accende il lume e la riaccompagna alla porta, ma la luce si spegne e la chiave di casa di Mimì cade per terra. Mentre la cercano, al buio, le loro mani s'incontrano. La mano di Mimì è fredda, gelata. Rodolfo la prende. Poi, mentre l'orchestra suona una melodia dolcissima, inizia a cantare:

Che gelida manina!
Se la lasci riscaldar.
Cercar che giova? Al buio non si trova.
Ma per fortuna è una notte di luna,
e qui la luna l'abbiamo vicina.
Aspetti, signorina,
Le dirò con due parole
chi sono, che faccio e come vivo. Vuole?
Chi son? Sono un poeta.
Che cosa faccio? Scrivo.
E come vivo? Vivo.

▸ note

lume • lampada *La sera, quando leggo, accendo il lume.*
Cercar che giova? • A cosa serve cercare? (la chiave). Giovare = servire
e qui la luna l'abbiamo vicina • Rodolfo abita in una mansarda (appartamento all'ultimo piano di un palazzo), per questo dice che la luna è vicina.

Ivan, il tenore che faceva Rodolfo, non era italiano. Veniva dalla Bulgaria. Cantava quest'aria pronunciando le parole con il suo accento straniero; ma al pubblico della Fenice, il Teatro dell'Opera di Venezia, questo non interessava molto. La vera star dello spettacolo, infatti, era Giuseppina Reggiani.

"Mi chiamano Mimì, ma il mio nome è Lucia", cantava lei, "mi chiamano Mimì, il perché non so...", e il pubblico del teatro era tutto in piedi ad applaudirla.

Io ero seduto in un posto di prima fila e ascoltavo la musica senza molta attenzione. Guardavo il direttore d'orchestra; pensavo alle parole della violoncellista e mi dicevo: "Eccolo là. Con quel suo guanto nero e la mano di legno, è un assassino perfetto."
Nonostante la mano, però, il marito di Giuseppina Reggiani era un bell'uomo: alto, sportivo, viso interessante e occhi neri. Il classico tipo che piace alle donne.
Dopo lo spettacolo, l'ho trovato al bar dell'albergo che beveva.

"Mi stavo chiedendo se Lei poteva essere l'assassino", gli ho detto.
"Non scherzi, per favore."
"L'altra sera Lei è andato nella camera di Antonietta verso le dieci. All'una la ragazza era morta. Le sembra uno scherzo?"

L'ho visto cambiare espressione.

"Senta, signor Esposito, se dobbiamo parlare, è meglio andare da un'altra parte. Non voglio che qualcuno ci ascolti."

Siamo usciti dall'albergo e abbiamo camminato un po' per il centro di Venezia. Era tardi. Le strade intorno a piazza San Marco erano quasi deserte e nei canali passavano gli ultimi vaporetti. Siamo arrivati di fronte al teatro La Fenice e poi abbiamo continuato fino a San Polo.

▸ note

tenore • cantante d'opera (uomo) *Luciano Pavarotti è un tenore.*

canali • vie d'acqua, strade nel mare *A Venezia i canali attraversano tutta la città.*

vaporetti

Finalmente, vicino al ponte di Rialto, abbiamo trovato un bar ancora aperto. Quando ci siamo seduti, gli ho raccontato quello che avevo saputo da Alba, la violoncellista.

"È vero", ha detto lui, "Antonietta era la mia amante. L'altra sera sono andato nella sua camera alle dieci, ma non l'ho uccisa io."
"Però la ragazza Le aveva dato quell'appuntamento per dirLe che non voleva più continuare la relazione. Mi sbaglio?"
"Aveva dei problemi e voleva stare da sola per un po'; ma non voleva lasciarmi. Stava vivendo dei momenti molto difficili: prima quella lettera del pazzo che la voleva uccidere, poi l'incidente di Gegia... Non era tranquilla. Quella sera abbiamo parlato di questo, poi alle undici sono andato via."

Il direttore d'orchestra ha bevuto un bicchiere di Martini. Era già il terzo da quando eravamo arrivati. Il bar era quasi vuoto. Oltre a noi, c'era solo un vecchio con la barba lunga e i vestiti sporchi che chiedeva da bere. Il barista non glielo voleva dare.

"Niente soldi, niente vino", diceva.

Il vecchio mi si è avvicinato.

"Amico, non offriresti un bicchiere di vino a un povero vecchio che ha sete?"
"Va bene", ho detto. "Ehi barista, un bicchiere di vino per il signore. Pago io."
"Grazie amico. Senti, non avresti anche una sigaretta? Sai, sono due giorni che non fumo."
"Eccoti la sigaretta. E adesso, per favore, non chiedermi più niente. Sto parlando con il signore e non voglio essere disturbato."
"Va bene amico, ma se non me l'accendi, come la fumo questa sigaretta?"

Gliel'ho accesa, poi ho continuato a parlare con il direttore d'orchestra.

"Allora, se ho capito bene, Lei è andato via dalla camera di Antonietta alle undici, cioè quando la ragazza era ancora viva."
"Sì, ma La prego, non dica niente a mia moglie: non voglio che

lo sappia. E poi c'è un'altra cosa, forse la più importante: mentre uscivo dalla camera, è suonato il telefono. Antonietta ha parlato con qualcuno che chiedeva di vederla. Quell'uomo era Ivan, il cantante bulgaro. Da un po' di tempo la ossessionava. La chiamava a tutte le ore del giorno e della notte per leggerle la Bibbia."

"La Bibbia?"

"Sì. Quell'uomo è completamente pazzo. Le leggeva le pagine dell'Apocalisse e le diceva che la fine del mondo era vicina. Diceva anche che dovevano sposarsi prima del giorno finale perché così era deciso. Antonietta non si preoccupava troppo di lui e lo vedeva tranquillamente. Sono sicuro che anche ieri sera, dopo quella telefonata, lui è andato nella sua camera. E adesso, per favore, non mi chieda più niente; questo è tutto quello che so."

fai gli ESERCIZI
vai a pagina 57

Il bulgaro

traccia 10

I portieri di notte sono la coscienza segreta di ogni albergo. Stanno svegli quando gli altri dormono e vedono cose che di giorno non si vedono.

Il portiere del nostro albergo era un ragazzo con i capelli corti e il viso poco simpatico. All'una meno un quarto di quella notte stava seduto all'entrata e leggeva il giornale. Gli ho chiesto se Antonietta, la sera prima verso le undici, avesse ricevuto delle telefonate in camera.

"Faccio il portiere, non il poliziotto", mi ha risposto. "Qui c'è tanta gente e non posso ricordarmi tutto."

"Forse così ti ricordi meglio", ho detto.

▸ note

Bibbia • il libro sacro della religione cristiana e giudaica.

Apocalisse • è una delle parti della Bibbia; parla della fine del mondo.

Gli ho dato cinquantamila lire. Di solito è un buon modo per avere informazioni. Ma a lui non bastavano, voleva altri soldi.

"Per meno di centomila non parlo", ha detto.
"Va bene, eccoti le altre cinquantamila. Adesso rispondi."
"La ragazza ha ricevuto una telefonata dalla 205. Sono sicuro di non sbagliarmi, perché io stesso ho passato la comunicazione."
"Chi c'è nella 205?"

Mi ha guardato con la mano aperta e un sorriso idiota sulla faccia.

"Allora, perché non rispondi?"
"Altre centomila, grazie."
"Tu sei pazzo..."
"Niente soldi, niente informazione."
"E va bene, tieni le centomila: allora, chi c'è?"
"È la camera del cantante bulgaro, quello un po' strano che ha sempre la Bibbia in mano."

Ho controllato le chiavi delle camere. La 205 era lì, Ivan non era ancora tornato.

"Ti ha detto dove andava?", ho chiesto.
"Altre centomila, grazie."

A questo punto mi sono arrabbiato.

"Se non rispondi subito", ho detto, "ti rompo la faccia."
"Va bene, va bene, ma stia calmo. È uscito mezz'ora fa; aveva una valigia. Mi ha chiesto dove poteva prendere il vaporetto per Santa Lucia e io gliel'ho detto."
"Santa Lucia?"
"Sì, la stazione dei treni."

note

cinquantamila lire • nel 1999, anno in cui si svolge il racconto, la lira era la moneta ufficiale italiana. Viene sostituita dall'euro nel 2001.
centomila (lire) • vedi nota sopra.
cinquantamila (lire) • vedi nota sopra.

Sono uscito di corsa dall'albergo. Faceva freddo e avevo i reumatismi. Siccome avevo mangiato troppo, i pantaloni erano stretti. A volte fare il detective non è un bel lavoro.
Sono arrivato alla fermata dei vaporetti, sul Canal Grande. L'ultimo era passato da circa venti minuti. Il servizio sarebbe ricominciato la mattina dopo. Se volevo andare alla stazione, dovevo pensare a qualcos'altro.
C'era un uomo con una vecchia barca che aspettava clienti là davanti, nel canale:

"Ha bisogno di un vaporetto, signore? Venga, La porto io con la mia barca. Per centomila lire L'accompagno dove vuole."
"Ma è carissimo!", ho detto. " Possibile che qui a Venezia costi tutto centomila lire?"
"Di notte i prezzi sono questi. Prendere o lasciare."

Abbiamo attraversato il Canal Grande. La barca era lentissima e il motore sembrava sul punto di morire da un momento all'altro. A nuoto avrei fatto prima.
Finalmente sono arrivato alla stazione. A quell'ora era quasi deserta. Ho controllato l'orario dei treni e ho visto che ce n'era uno per Milano che partiva alle due meno dieci. Mancavano cinque minuti. Sono corso al binario. C'era un uomo con un cappotto blu che aspettava il treno. Aveva un libro in mano. Era Ivan.

"Buonasera", gli ho detto. "Parte?"

Mi ha spiegato che dopo quello che era successo non si sentiva di continuare la tournée e che voleva tornare a Milano. Io gli ho ripetuto le parole del direttore d'orchestra.

▸ note

barca 

nuoto 

binario • la "strada" del treno
Il treno per Roma parte dal binario numero 4.

"Se parte", gli ho detto, "tutti penseranno che Lei è l'assassino."

Si è messo a piangere. Poi ha iniziato a gridare. Parlava in bulgaro, sembrava un pazzo. Allora ho cercato di calmarlo. L'ho accompagnato al bar e gli ho ordinato una camomilla. Io ho preso un whiskey. Odio la camomilla. Dopo un po' stava meglio, ha cominciato a parlare.

"È vero, l'altra sera ho telefonato ad Antonietta. Le ho chiesto se potevamo vederci. Nel terzo atto io e lei dovevamo cantare un duetto, un pezzo molto difficile. Così, anche se era tardi, io volevo ripeterlo ancora. Ma lei mi ha detto che non era sola e che non poteva. Aveva una voce strana, molto preoccupata. Perciò non ho insistito. Sapevo che aveva una relazione con il direttore d'orchestra, lui era molto geloso e non le permetteva di vedermi. Io, però, non ero innamorato di lei, e non è vero che le telefonavo a tutte le ore. In un mese, l'avrò chiamata tre o quattro volte, questo è tutto. Per me Antonietta era solo un'amica."
"E la Bibbia?"
"Sono cristiano e seguo la parola del Signore. La Bibbia la porto sempre con me e qualche volta l'ho letta anche ad Antonietta. Ma questo non è proibito, no? Mi creda, signor Esposito: io non ho ucciso la ragazza."

È passato qualche giorno. Con Ivan e con il direttore d'orchestra, dopo quella notte, non ho più parlato. A chi dovevo credere? Alba, la violoncellista dai capelli rossi, continuava a ripetermi che l'assassino era il direttore d'orchestra, ma quella ragazza mi sembrava un po' matta e non sapevo se prenderla sul serio. E poi: se l'assassino era veramente il marito di Giuseppina Reggiani, perché il bulgaro aveva cercato di scappare? Insomma, era un bel mistero. Intanto la sera continuavo ad andare a teatro. Ormai conoscevo *La Bohème* a memoria e i musicisti

▶ note

camomilla • bevanda calda e rilassante *Sono molto nervoso, ho bisogno di una camomilla.*
duetto • pezzo musicale per due musicisti *I due artisti hanno cantato un duetto di Mozart.*
prenderla sul serio (inf. prendere) • crederle *Claudia non dice mai la verità, non devi prenderla sul serio.*

e i cantanti si erano abituati alla mia presenza. Con Enea, il violinista, ero diventato amico. Ogni volta che lo vedevo lui era sempre molto simpatico; ma spesso mi parlava anche della moglie napoletana e dei trent'anni terribili passati con lei, e allora dovevo ascoltare lunghi discorsi sugli orrori della vita matrimoniale. Finalmente, una mattina, siamo partiti da Venezia. La tournée continuava al sud, la prossima città era Napoli.

fai gli ESERCIZI
vai a pagina 59

PARTE TERZA

Il maresciallo

traccia 11

Il camerino era piccolo, come tutti quelli dei musicisti dell'orchestra. C'era una sedia, un tavolo e uno specchio. Il violoncello era vicino alla porta; era di colore marrone scuro e aveva la data scritta sul legno. Più a destra c'era una borsa; dentro si vedevano un'agenda, un paio di occhiali e un libro; di questo si leggeva anche il titolo: "Antonio Vivaldi, musicista veneziano. Vita e opere del prete rosso."
Lei era seduta davanti allo specchio, con la testa sul tavolo e i lunghi capelli rossi che le scendevano sulle spalle. Aveva una gonna nera e una camicia bianca sporca di sangue. Era caduto anche sul pavimento il sangue, e aveva formato tanti piccoli laghi rossi che nessuno aveva ancora pulito. Dallo stereo vicino alla finestra usciva una musica triste.

"L'hanno trovata gli altri musicisti", ha detto un carabiniere.
"Siccome la ragazza era in ritardo, sono venuti a cercarla nel suo camerino. Ma lei era già morta."

Il maresciallo dei carabinieri Felice Lanzetta ha spento lo stereo e ha tirato fuori il cd.

"Questa musica è veramente triste", ha detto, "fa pensare alla morte."
"È il Requiem di Verdi, maresciallo. Sembra che quel pazzo lo abbia usato anche le altre volte."
"Adesso non lo userà più, per fortuna."

Il maresciallo si è avvicinato alla finestra e ha guardato la città: a Napoli c'era un bel sole e il cielo aveva il colore azzurro del mare.

▸ note

camerino • in teatro, la stanza personale di un artista *Prima di cominciare lo spettacolo, gli artisti si preparano in camerino.*
maresciallo • comandante dei carabinieri.

"Non è la giornata giusta per morire", ha pensato.

Poi è uscito dal camerino e si è preparato a rispondere alle domande dei giornalisti. Lo stavano aspettando da più di un'ora ormai, erano tutti davanti all'entrata del San Carlo, il Teatro dell'Opera di Napoli.

"La ragazza si chiamava Alba", ha spiegato il maresciallo, "e suonava il violoncello nell'orchestra. È morta poco prima dell'inizio delle prove de *La Bohème*. L'assassino è un cantante bulgaro, si chiama Ivan. Lo abbiamo già preso. Nel suo camerino abbiamo trovato il rasoio che ha usato per uccidere la ragazza. Era ancora sporco di sangue. Probabilmente è lo stesso rasoio che ha usato anche a Milano e a Venezia. Per ora non ho nient'altro da dire."

fai gli ESERCIZI
vai a pagina 60

Il barbiere

traccia 12

"Allora, signor Esposito, ci lascia?"

Giuseppina Reggiani parlava con la bocca piena di cioccolata. Stava mangiando una grande torta, come al solito. Era seduta nel suo camerino. Dalla finestra entrava una bella luce chiara. A Napoli erano le cinque del pomeriggio e faceva caldo.

"Parto stasera", ho detto. "Adesso che tutto è finito non c'è più bisogno di me."

Erano passati due giorni dalla morte di Alba. Dopo aver trovato il rasoio, i carabinieri avevano arrestato Ivan. Ormai non c'era più dubbio: era lui l'assassino.

note

prove • ripetizioni di uno spettacolo, preparazione *Prima di uno spettacolo, gli artisti fanno molte prove.*

"Però che strano", ho detto, "si è lasciato prendere come uno stupido."
"Si è sentito troppo sicuro di sé... E comunque non dimentichi che era un pazzo, un maniaco... Ma è meglio non pensarci più. Vuole un po' di torta?"
"No, grazie, Le ho già detto che non mi piace."
"Va bene", ha detto lei prendendone un pezzo con le mani, "allora dovrò mangiarla tutta io. Ho bisogno di energie: oggi abbiamo provato tutto il giorno. Domani sera ci sarà molta gente in teatro. Abbiamo già trovato i sostituti di Ivan e della povera Alba. Come si dice: the show must go on."
"Cosa?"
"Significa: lo spettacolo deve continuare. Lei non conosce l'inglese?"
"No, a scuola ho studiato il latino, e le uniche parole inglesi che conosco sono brandy e whiskey."

La cantante mi ha sorriso con i suoi occhi tristi, poi ha preso un altro pezzo di torta e se l'è messo in bocca.

"Adesso mi scusi", mi ha detto, "ma La devo lasciare. È l'ora degli esercizi."
"Ginnastica per dimagrire?", ho chiesto.
"No, esercizi per la voce: vocalizzi."
"Ah, certo... Che stupido."
"Vede, signor Esposito, c'è solo una cosa, oltre alla voce, che permette a una buona cantante di essere una grande cantante: il lavoro. Io faccio due ore di esercizi la mattina e due ore il pomeriggio, e in vent'anni non ho mai saltato un giorno. Guardi gli altri: dopo le prove, vanno subito in albergo e non fanno più niente. Io invece rimango qui e non me ne vado finché non ho finito i miei esercizi."

L'ho salutata. Mentre uscivo, ho incontrato Enea, il violinista. Siamo andati al bar a bere un ultimo bicchiere e poi abbiamo fatto un pezzo di strada insieme.

"Quel bulgaro non mi era mai piaciuto", mi ha detto, "perciò non

▸ note

dimagrire • diventare magra *Maria è troppo grassa, dovrebbe dimagrire.*

sono sorpreso che sia lui l'assassino. Era un tipo strano, stava sempre da solo e non parlava mai con nessuno. Una volta gli ho chiesto perché avesse sempre quella faccia così triste e lui sa cos'ha fatto? Ha preso dalla tasca un libro..."

"La Bibbia?"

"Sì... Insomma, ha preso questa Bibbia e mi ha letto una frase dell'Apocalisse."

"E Lei cosa ha detto?"

"E che dovevo dire? Le sembra normale un tipo così? A me no... Perciò sono stato zitto e me ne sono andato."

Abbiamo camminato per il centro, attraversando via Toledo, la Galleria e piazza Plebiscito. Poi siamo arrivati di fronte al mare. Enea ha detto ancora qualcosa sulla moglie napoletana e infine mi ha salutato.
Io ho continuato a passeggiare, entrando nella Napoli dei quartieri popolari: vecchi palazzi, le donne sedute a parlare davanti alla porta e i bambini che giocavano per la strada. Un uomo vendeva sigarette vicino al semaforo.

"Dammene un pacchetto", gli ho detto.

"Ecco, signore... Sono tremila lire."

Avevo solo un biglietto da cinquantamila. L'uomo non aveva il resto.

"Venite, le andiamo a cambiare da Gennaro."

"Chi è Gennaro?"

"È il barbiere qui di fronte."

Questo Gennaro era un uomo di circa sessant'anni. Aspettava clienti davanti all'entrata del negozio.

"Cinquantamila lire da cambiare non ce le ho", ha detto, "oggi ho lavorato poco e nella cassa ci sono solo trentamila lire.

note ◂

Venite • a Napoli si usa il "Voi" invece del "Lei". Non si dice "Cosa vuole signor Rossi?" ma "Cosa volete signor Rossi?".
barbiere • persona che taglia i capelli e fa la barba *Vado dal barbiere a tagliarmi i capelli.*

Però, se il signore è d'accordo, con le ventimila che mancano Vi faccio barba e capelli e così siamo a posto."

"Ho il treno che parte tra un'ora e mezza", ho detto. "Non penso che sia possibile."

"Vi faccio tutto in meno di mezz'ora. GuardateVi allo specchio: ne avete proprio bisogno."

Un minuto dopo ero seduto sulla poltrona del barbiere, con l'asciugamano intorno al collo. A Napoli è così: vai a comprare le sigarette e alla fine ti fanno barba e capelli.

"Cominciamo dalla barba", mi ha detto. "Vi metto questo sapone speciale, che fa bene alla pelle. Ecco... Adesso state fermo con la testa, non muoveteVi..."

Non so perché, ma quando l'ho visto prendere il rasoio ho avuto paura. E per un momento, nella mia immaginazione, Gennaro è diventato un pazzo assassino.

"Stia attento con quel rasoio", ho detto. "Non vorrei farmi male."

Gennaro ha sorriso.

"Non preoccupateVi, signore; faccio questo lavoro da quarant'anni e non ho mai avuto problemi. Vedete", ha continuato, mentre mi passava dolcemente il rasoio sul collo, "fare il barbiere è un po' come suonare il violino: con la mano sinistra si tiene ferma la testa, e con la destra si passa il rasoio su e giù lungo il viso. Ecco... Sentite che musica? È come un concerto di Paganini!"

Lo so che può sembrare stupido, ma quando ho sentito queste parole ho avuto un terribile pensiero: e se invece di Ivan l'assassino fosse Enea? Sì, proprio lui, il violinista, quell'uomo così simpatico e gentile. "No", mi sono detto, "non può essere."

▸ note

asciugamano 

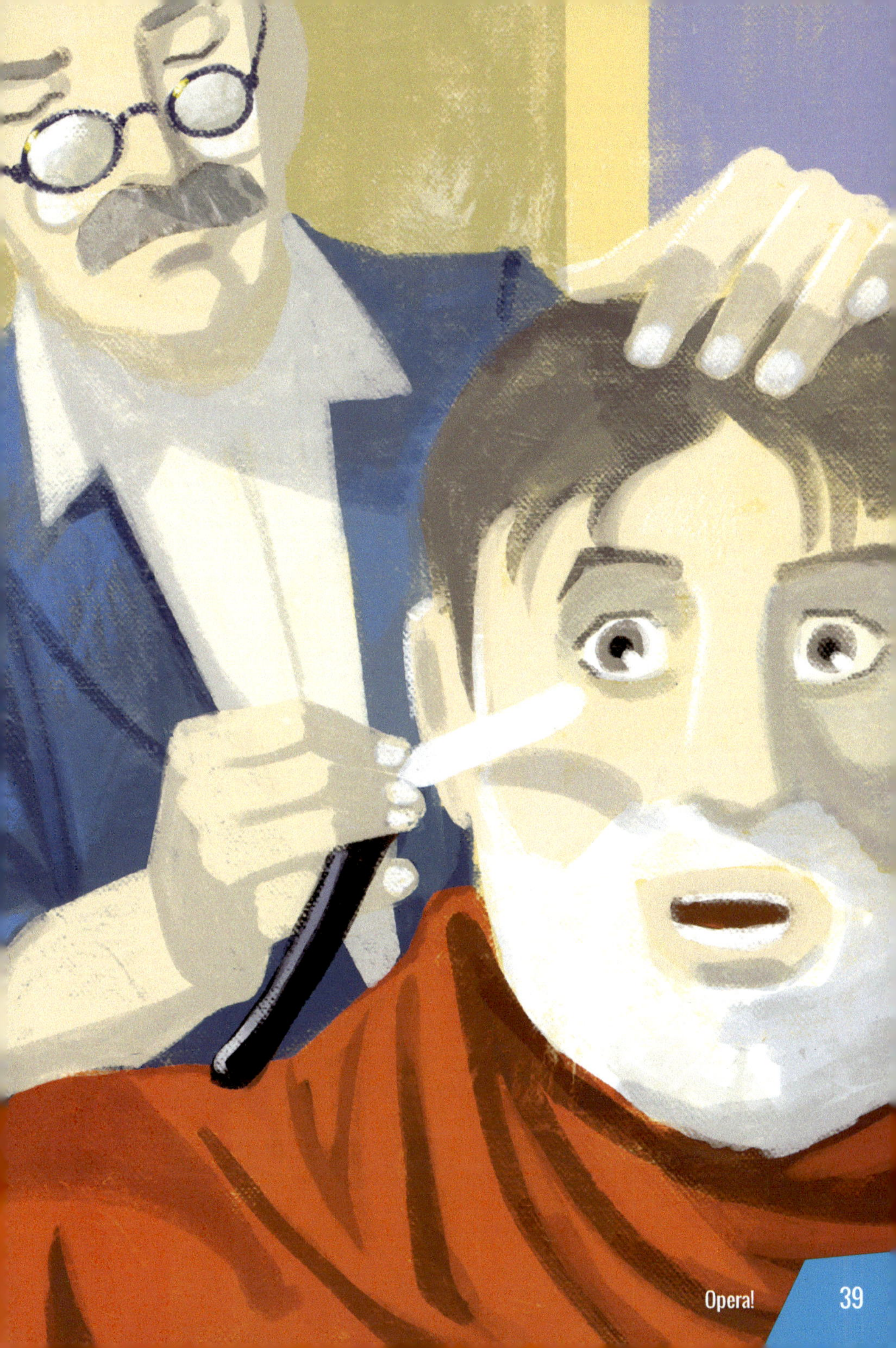

Ma ormai non riuscivo a togliermi quell'idea dalla testa. Ho cercato di ricordarmi la nostra conversazione di poco prima: Enea era stato gentile, come al solito, poi mi aveva detto che era stanco e che voleva riposarsi. E se invece era solo un modo per liberarsi di me? Proprio quel pomeriggio Giuseppina Reggiani era da sola in teatro...

Non dovevo perdere altro tempo. Mi sono tolto l'asciugamano e con la faccia ancora sporca di sapone sono uscito dal negozio. Gennaro è rimasto con il rasoio in mano, senza capire.

Fuori era buio. La città era piena di suoni e di luci: le ultime ore del giorno sono sempre le più animate. C'era tanta gente che passeggiava e per le strade c'era molto traffico.

Ho preso un taxi, ma dopo dieci minuti che eravamo fermi sempre allo stesso semaforo ho capito che era meglio andare a piedi. Sono sceso dal taxi e ho cominciato a correre, cento metri, duecento... Dopo trecento metri ero già stanco. Mi facevano male le gambe e i pantaloni erano sempre più stretti, ma non potevo fermarmi e così ho continuato a correre.

Finalmente, dopo circa un quarto d'ora, sono arrivato al teatro. Ero distrutto. Quella sera, siccome non c'era lo spettacolo, la porta centrale era chiusa. Allora ho fatto il giro e sono entrato da quella riservata agli artisti. Al piano terra non c'era nessuno, ho salito le scale e sono andato al secondo piano, dove c'era il camerino di Giuseppina Reggiani. Ho attraversato i corridoi bui e silenziosi del teatro. Poi ho sentito qualcosa, come una musica, e più mi avvicinavo al camerino della cantante più diventava forte. Era una musica triste, seria. Io la conoscevo bene, non potevo sbagliarmi: quello era il Requiem di Verdi!

fai gli ESERCIZI
vai a pagina 61

▸ note

animate • piene di vita, il contrario di "noiose" *Mi piacciono le città animate, dove c'è sempre molta vita.*

distrutto • stanchissimo *Sono distrutto, ho lavorato tutto il giorno.*

EPILOGO

Napoli, il giorno dopo.
Seduto al tavolo del ristorante, guardavo il mare attraverso le finestre. Il tempo era bello e l'isola di Capri, in mezzo al Golfo, sembrava vicinissima. I giornali del mattino parlavano tutti di Giuseppina Reggiani.
Quando ero entrato nel camerino della cantante, la sera prima, Enea stava per ucciderla. Aveva messo il cd del Requiem di Verdi nello stereo e aveva già preso il rasoio. Io ero riuscito a fermarlo: lo avevo colpito in faccia e poi avevo tirato fuori la pistola. Più tardi era arrivata la polizia. Enea si era messo a piangere e aveva raccontato la sua storia.

Tutto era iniziato il giorno in cui la moglie, dopo trent'anni di matrimonio, era andata via con un altro. Enea di lei non aveva saputo più niente, ma da quel momento aveva cominciato ad avere un odio profondo per tutte le donne. Visto che non poteva uccidere la moglie, aveva deciso di ammazzare le altre: prima Gegia, che però si era salvata, poi Antonietta e infine Alba. Giuseppina Reggiani doveva essere l'ultima. Per riuscire meglio in questo suo progetto Enea aveva lasciato il rasoio sporco di sangue nel camerino di Ivan. Così i carabinieri lo avevano arrestato e nessuno si era più preoccupato dell'assassino. Per fortuna, però, io avevo capito tutto.

Adesso, prima di prendere il treno, ero venuto a pranzo nel ristorante di un mio vecchio amico.

note

Capri • famosa isola nel Golfo di Napoli.

pistola 

ammazzare • uccidere.

"Ecco gli spaghetti", mi ha detto, "li ho fatti con il pomodoro fresco e la cipolla come mi hai chiesto. E poi devi provare i merluzzetti, ci ho messo il vino e il limone e sono buonissimi. Come contorno ti consiglio un'insalata; e infine, se hai ancora fame, ci sono anche le frittelle di baccalà e l'impepata di cozze. A Milano dove li trovi dei piatti così?"

Ho guardato tutte quelle cose buonissime.

"Forse non dovrei", ho pensato, "sto diventando troppo grasso."

Poi ho bevuto un bicchiere di vino e ho iniziato a mangiare. È stato un pranzo fantastico.

FINE

fai gli ESERCIZI
vai a pagina 62

▸ note

merluzzetti • tipo di pesce.
frittelle di baccalà • piatto di pesce tipico di Napoli.
impepata di cozze • piatto di mare tipico di Napoli.

SCHEDA CULTURALE Intervista sull'opera

Giornalista: G - Esposito: E

G: Signore e signori buonasera. Come sapete, oggi alla Scala di Milano era in programma un'opera molto famosa: *La Traviata* di Giuseppe Verdi. Siamo venuti davanti all'entrata del teatro per fare alcune interviste. Lo spettacolo è appena finito, ecco il primo spettatore che esce... Scusi, come si chiama?

E: Mi chiamo Antonio Esposito. Perché?

G: Sono un giornalista della televisione. Le vorrei fare alcune domande.

E: Guardi, lo spettacolo è durato tre ore e io non ho ancora cenato. Sto morendo di fame. Perciò mi lasci andare, per favore.

G: Solo un minuto, La prego. Non Le chiedo di più.

E E va bene, sentiamo queste domande.

G: Allora, signor Esposito: Le è piaciuta l'opera?

E: Sì, i cantanti erano bravi. E anche l'orchestra era di buon livello.

G: Lei viene spesso qui alla Scala?

E: Ci vengo da vent'anni, da quando abito a Milano. Prima abitavo a Napoli e andavo al teatro San Carlo.

G: Ah, allora Lei deve conoscere molto bene l'opera.

E: Abbastanza. Ha finito con le domande?

G: Non ancora. Qual è il musicista più importante nella storia dell'opera, secondo Lei? Rossini? Verdi? Puccini?

E: Ma cos'è: un gioco?

G: È solo una piccola intervista. Risponda, per favore.

E: Guardi, secondo me il musicista più importante è Claudio Monteverdi. Senza di lui non ci sarebbero né *Il barbiere di Siviglia* di Rossini, né *La Traviata* di Verdi, né *La Bohème* di Puccini.

G: E perché?

E: Perché Monteverdi, nel 1660, ha inventato l'opera moderna. Il suo *Orfeo* è il primo esempio di melodramma, cioè di opera musicale, così come lo conosciamo oggi: una storia in musica, con arie, duetti e coro.

L'Orfeo, di Claudio Monteverdi

G: Ho capito. E Rossini? Le piace?

E: Sì, certo. Anche lui è un grande; il più grande del suo tempo, secondo me. Ma adesso per favore mi lasci andare. Ho fame.

G: Un momento, ci spieghi meglio. Perché secondo Lei Rossini è un grande musicista?

E: Perché ha scritto delle opere popolarissime, ma anche di grande qualità. Come Lei sa, negli anni in cui Rossini è vissuto, cioè tra sette e ottocento, l'opera era veramente uno spettacolo popolare, come oggi il cinema e la tv; a quel tempo tutti andavano a teatro, sia i ricchi che i poveri. E le opere di Rossini erano le più amate, perché avevano delle arie bellissime che tutti potevano ricordare e cantare facilmente. Era un musicista geniale: lo sa in quanto tempo ha scritto *Il barbiere di Siviglia*?

G: No, in quanto?

E: In venti giorni.

G: Soltanto?

E: Sì, ma per lui erano già molti. Di solito, per le altre opere non gli servivano più di due settimane. Rossini era così: scriveva musica in ogni momento, spesso anche a letto.

G: Perché, era malato?

E: No, ma era pigro. Una volta, per esempio, mentre stava scrivendo della musica, gli è caduto un foglio sotto al letto. Lui, invece di alzarsi per prenderlo, ha preferito ricominciare a scrivere su un altro foglio. Più tardi è arrivato un suo amico, ha preso il foglio e gli ha detto: *"Ma hai scritto una musica tutta diversa!"* E Rossini: *"Vuol dire che la musica scritta prima la terrò per un'altra occasione."* Insomma, per lui comporre era naturale come respirare. Però nella sua vita c'è un mistero.

G: Quale mistero?

E: A 37 anni, dopo aver scritto tantissime opere, improvvisamente smette; e da allora fino alla morte, quasi quarant'anni dopo, non ne scrive più neanche una. Nessuno ha mai capito perché.

Il barbiere di Siviglia, di Gioacchino Rossini

G: Lei sa molte cose, signor Esposito. Complimenti.

E: Grazie. Posso andare?

G: Un momento, mi dica ancora una cosa su Giuseppe Verdi: che ne pensa?

E: Mi piace molto, anche se tra lui e Rossini c'è una grande

note

pigro • il contrario di "dinamico"; si dice di una persona che non ha voglia di faticare, che non vuole stancarsi. *Mario è molto pigro, dorme sempre.*

comporre • nella musica, scrivere un'opera, creare, inventare.

differenza.

G: Cioè?

E: Senta, adesso basta. Abbiamo parlato già troppo, mi sembra...

G: Scusi signor Esposito, ma Lei non può andare via così. Prima ci deve dire qual è questa differenza.

E: E va bene. Per tutto il settecento, fino al tempo di Rossini, il teatro musicale è soprattutto opera buffa e le storie che racconta sono leggere e divertenti come una commedia. Nell'ottocento invece le cose cambiano. L'opera diventa seria, spesso tragica. Le storie del melodramma ottocentesco parlano sempre di amori infelici: di solito ci sono due uomini, uno buono e uno cattivo, che amano la stessa donna. Lei naturalmente ama il primo, ma quasi sempre il buono muore e il cattivo vince. Qualche volta, invece, come ne *La Traviata* e ne *La Bohème*, è la donna che muore, ma il risultato è sempre lo stesso: il finale è tragico. Giuseppe Verdi è stato un maestro di questo genere. E con lui anche Vincenzo Bellini e Gaetano Donizetti.

G: Quali opere di Verdi preferisce?

E: Sono tutte magnifiche, ma ce ne sono tre che sicuramente sono tra le più belle di tutta la storia della musica: *Rigoletto*, *La Traviata* e *Il Trovatore*. In queste opere ci sono delle arie che tutti hanno cantato almeno una volta nella vita: *"La donna è mobile"*, *"Di quella pira"*...

G: Lei le canta spesso?

▸ note

buffa • comica, divertente, che fa ridere. *Flavia è buffa, quando la vedo rido sempre.*

E: La mattina, sotto la doccia. Per quest'occasione Verdi è perfetto. Quando mi faccio la barba invece canto Rossini.

G: *Il barbiere di Siviglia*?

E: Naturalmente!

G: Bene, signor Esposito, mi dica un'ultima cosa: Le piace Puccini?

E: Moltissimo.

G: E *La Bohème*?

E: Non mi parli di quest'opera, per favore.

G: Perché?

E: È una storia un po' lunga, Gliela racconterò un'altra volta. Adesso La saluto, vado a mangiare.

G: D'accordo. Allora grazie e arrivederci.

E: Senta, non conosce un buon ristorante qui vicino?

G: Certo, ce n'è uno molto buono in via Brera. Fanno una pasta e fagioli che è la fine del mondo.

E: Con i fagioli freschi?

G: Freschissimi.

E: Benissimo, io adoro la pasta e fagioli. E come secondo cosa mi consiglia?

G: Guardi, secondo me dovrebbe provare il brasato con le cipolle: è la loro specialità.

E: Allora ci vado subito. Grazie e arrivederci.

G: Arrivederci signor Esposito e buon appetito!

note

la fine del mondo • eccezionale, fantastica. *Questa torta è la fine del mondo.*
adoro (inf. adorare) • mi piace molto. *Adoro il mare e odio la montagna.*
brasato • piatto di carne.

ESERCIZI Introduzione • La ragazza

1 • Vero o falso?

	V	F
Nell'albergo qualcuno ha ucciso		
a. una cameriera.	☐	☐
b. una cantante.	☐	☐
c. il direttore.	☐	☐
d. una ragazza.	☐	☐
e. Antonietta.	☐	☐

2 • Scegli il verbo giusto.

La camera era piena di poliziotti. Li **chiamava/aveva chiamati/chiami** il direttore dell'albergo un'ora prima, quando la cameriera era entrata per fare le pulizie e **trova/ha trovato/aveva trovato** la ragazza sul letto, morta.

"Avete saputo chi **era/è stata/era stata**? Che cosa **fa/faceva/faccia**?", ha domandato il commissario Pino Occhiofino.
"**Era/È stata/Era** una cantante d'opera. Sembra che **arrivi/è arrivata/sia arrivata** ieri sera da Milano insieme a un gruppo di musicisti. Si chiamava Antonietta."
"Va bene. Andiamo a sentire questi musicisti. Forse **abbiamo capito/capiremo/avremo capito** qualcosa."

Il commissario Occhiofino **è uscito/usciva/era uscito** dalla camera. **Era stato/Era/È** un po' nervoso. Quella mattina non iniziava bene per lui. **Sono/Erano/Saranno** appena le dieci e **c'era/c'era stato/c'è stato** già un brutto lavoro da fare: trovare un assassino non è una cosa facile.

"E quello chi **era/è stato/è**?", ha chiesto al poliziotto che stava in piedi davanti alla porta.
"Non lo so, commissario, **voleva/era voluto/vuole** entrare a vedere e io l'**avevo fermato/ho fermato/abbia fermato**."

ESERCIZI Parte I • Il proprietario

1 • Vero o falso?

Il proprietario	V	F
a. va da Esposito per chiedere i soldi dell'affitto.	☐	☐
b. va da Esposito per cenare.	☐	☐
c. vuole invitare Esposito a teatro.	☐	☐
d. non ama i meridionali.	☐	☐
e. non ama la gente del sud.	☐	☐
f. non ama la gente del nord.	☐	☐

2 • Completa il testo con i pronomi e con ***ne***.

> "Sono qui per l'affitto", _______ ha detto il proprietario, "due mesi di ritardo, Lei mi capisce..."

Lo capivo, ma i soldi io non _______ avevo, si sa com'è il lavoro di un detective, ci sono dei mesi buoni ed altri meno.

> "Senta", _______ ho detto, "questo mese il lavoro è andato male, ho avuto pochissimi clienti; però _______ darò i suoi soldi, non _______ preoccupi; deve solo avere un po' di pazienza, aspettare ancora qualche giorno. Lei, invece, non ha visto che il riscaldamento è rotto? Che cosa pensa di fare? Ha intenzione di riparar_______ o vuole far_______ morire di freddo?"
> "Prima paghi l'affitto e poi parliamo del riscaldamento", _______ ha risposto. E ha continuato: "Vede signor Esposito, il mio sbaglio è stato di affittare la casa ad uno come _______, che è di Napoli; con voi meridionali non _______ sta mai tranquilli, c'è sempre qualche problema."
> "Abito a Milano da vent'anni", _______ ho detto, "e discorsi come i suoi _______ ho sentiti tanti. Quello che penso non _______ dico, perché con gente come _______ non parlo. E adesso per favore _______ vada, devo ancora mangiare e la cena diventa fredda."

ESERCIZI Parte I • La cantante

1 • Vero o falso?

Giuseppina Reggiani

		V	F
a.	ha paura che il pazzo uccida Rocco.	☐	☐
b.	ha paura che il pazzo la uccida.	☐	☐
c.	si è buttata dal secondo piano del teatro.	☐	☐
d.	è la moglie del direttore d'orchestra.	☐	☐
e.	ha una segretaria che si chiama Gegia.	☐	☐
f.	ha invitato Esposito alla Scala.	☐	☐

2 • Rimetti in ordine il dialogo.

[1] a. "Allora, cos'è questa storia? Perché pensa che qualcuno La voglia uccidere?"

☐ b. "Odio Walt Disney e di gatti non mi occupo: sono un detective e non la Protezione Animali."

☐ c. "Gegia non è un gatto, è la mia segretaria."

☐ d. "Chi è Rocco?"

☐ e. "Ma quanti gatti ha?"

☐ f. "Il mio gatto. Era bellissimo, bianco e marrone. Sembrava uscito da un film di Walt Disney"

☐ g. "Ah, allora le cose cambiano."

☐ h. "Hanno già ucciso Rocco."

[6] i. "Hanno cercato di uccidere anche Gegia."

ESERCIZI Parte I • La segretaria

1 • Vero o falso?

Gegia

	V	F
a. è una donna grassa e brutta.	☐	☐
b. si è buttata dalla finestra dell'ospedale.	☐	☐
c. si è buttata dalla finestra del teatro.	☐	☐
d. ha due by-pass.	☐	☐
e. ha un viso lungo e magro.	☐	☐
f. ha le braccia e le gambe rotte.	☐	☐
g. è una cantante d'opera.	☐	☐

2 • Scegli il verbo giusto.

All'ospedale.

"Le devo fare alcune domande", ho detto, "sono un detective, mi chiamo Antonio Esposito."
"Domande? Che domande? Non lo **vedi/vede/veda** che sto male?"
"Lo so che **sto/stai/sta** male, è per questo che sono qui. E comunque non **ti lamenti/lamentare/si lamenti**: dopo tutto è stata fortunata, poteva andarLe peggio."
"Ma che **dica/dice/dici**? Si può sapere cosa vuole da me?"
"Voglio solo che **mi racconti/mi racconta/si racconti** cosa è successo quella sera", ho spiegato, "e chi era quell'uomo, che cosa Le ha detto. Allora, da dove cominciamo?"
"Lei è un pazzo. **Esca/Esci/Esce** subito da qui o chiamo l'infermiera."

A questo punto **mi sono innervosito/mi innervosisco/mi innervosivo**.

"**Senta/Senti/Sente**, brutta grassona", ho detto mettendole un dito sulla faccia, "credi che **sii/fosse/sia** divertente per me stare qui a parlare con te? **Cerca/Cerchi/Cerco** di non fare la stupida e **risponde/risponda/rispondi** alle domande, è chiaro?"
"**Scusi/Scusa/Mi scusa**, ma Lei chi **cerca/cerchi/ha cercato**?"
"Cerco Gegia, stanza 321."

3 • Completa il testo con le parole della lista.

a parte	a un certo punto	allora	ancora	del solito
dentro	dietro	fino	in quel momento	ma
ora	perché	quando	siccome	vicino

Gegia racconta:

"Quella sera sono rimasta in teatro più ________________. C'erano molte cose da fare e alle nove non avevo ________________ finito. ________________ ero stanca ho deciso di continuare il lavoro a casa. Mi trovavo al terzo piano, nella parte riservata agli uffici, e ________________ me nel teatro a quell'ora c'era solo il portiere, che stava al piano terra, ________________ all'entrata.

Ho attraversato i corridoi bui; mi ricordo che ________________ la radio del teatro diffondeva il Requiem di Verdi e ________________ di me ho avuto un po' di paura, ________________ quel Requiem è bellissimo, ma di sera, nel teatro vuoto, fa una strana impressione.

________________ ho sentito dei rumori ________________ di me, è stato un momento, mi sono girata e ho visto un uomo con un rasoio in mano. Ho gridato, ho chiesto aiuto, ________________ la musica era troppo forte; ________________ ho cominciato a correre, sono scesa ________________ al secondo piano, lui mi è venuto dietro e ha cercato di colpirmi con il rasoio; così, ________________ ho visto che la finestra era aperta, non ci ho pensato troppo: ho chiuso gli occhi e mi sono buttata.

________________ eccomi qui, ho le gambe e le braccia rotte, però grazie a Dio sono viva."

ESERCIZI Parte I • La giovane cantante

1 • Vero o falso?

Antonietta	V	F
a. muore a Venezia.	☐	☐
b. invita Esposito a Venezia.	☐	☐
c. incontra Esposito a Milano.	☐	☐
d. incontra Esposito fuori dall'ospedale.	☐	☐
e. è la segretaria di Giuseppina Reggiani.	☐	☐
f. canta ne *La Bohème*.	☐	☐

2 • Completa il testo con il passato dei verbi.

Giuseppina Reggiani mi (*fare*) ____________________ una proposta.

"Tra due giorni iniziamo la tournée: *La Bohème* va a Venezia. Lei viene con noi, non è vero?"

Ci (*pensare*) ____________________ un momento: mi (*pagare*) ____________________ il viaggio e l'albergo, pranzo e cena nei migliori ristoranti. A casa mia (*morire*) ____________________ di freddo e (*girare*) ____________________ con il cappotto. Le (*dire*) ____________________ di sì.
Così ieri sera (*arrivare*) ____________________ a Venezia. (*Cenare*) ____________________ in albergo con i musicisti e poi (*andare*) ____________________ a dormire.
Questa mattina, quando (*svegliarsi*) ____________________, Antonietta era morta.

ESERCIZI Parte II • Il commissario

1 • Vero o falso?

L'uomo con il rasoio	V	F
a. ha ucciso Gegia a Venezia.	☐	☐
b. ha ucciso Gegia a Milano.	☐	☐
c. ha ucciso Antonietta a Milano.	☐	☐
d. ha ucciso Antonietta a Venezia.	☐	☐
e. ha ucciso Antonietta nella sua camera d'albergo.	☐	☐
f. ama *La Bohéme*.	☐	☐
g. ama il Requiem di Verdi.	☐	☐

Il Requiem di Verdi

Verdi scrive la "Messa da Requiem" per il primo anniversario della morte di Alessandro Manzoni (22 maggio 1873), il famoso scrittore italiano, autore de *I promessi sposi*. L'opera viene presentata il 22 maggio 1874 nella Chiesa di San Marco a Milano, diretta dallo stesso Verdi, e ottiene un enorme successo che poi si riconfermerà nelle capitali europee più importanti.

ESERCIZI Parte II • Il violinista

1 • Vero o falso?

Il direttore d'orchestra

	V	F
a. ha una moglie di Napoli.	☐	☐
b. ha una mano di legno.	☐	☐
c. ha sposato Giuseppina Reggiani per amore.	☐	☐
d. ha sposato Giuseppina Reggiani per interesse.	☐	☐
e. ha sposato Giuseppina Reggiani perché è una donna giovane e carina.	☐	☐

2 • Rimetti in ordine il dialogo.

[1] a. "Lei dev'essere quel detective che lavora per la signora Reggiani, mi sbaglio?"
☐ b. "Piacere. Io mi chiamo Antonio... Antonio Esposito."
☐ c. "No, non si sbaglia. Sono io."
☐ d. "Sa, dopo quello che è successo noi musicisti cominciamo ad avere un po' di paura. Ma mi scusi, non mi sono ancora presentato: mi chiamo Enea e suono il violino nell'orchestra."
☐ e. "Ma no, cosa ha capito... Io sono contro il matrimonio!"
☐ f. "Sì, di Napoli."
☐ g. "Meridionale?"
☐ h. "Anche Lei è contro i meridionali?"
☐ i. "Ah, di Napoli... Come la mia ex moglie: trent'anni terribili."

ESERCIZI Parte II • La violoncellista

1 • Vero o falso?

La violoncellista dice che

	V	F
a. il direttore d'orchestra voleva lasciare Antonietta.	☐	☐
b. Antonietta voleva lasciare il direttore d'orchestra.	☐	☐
c. Antonietta è andata nella camera del direttore d'orchestra alle dieci.	☐	☐
d. il direttore d'orchestra e Antonietta avevano un appuntamento alle dieci.	☐	☐

2 • Completa con i pronomi, con le particelle ***ci*** e ***ne*** e con l'ultima vocale del participio passato.

Al ristorante.

La moglie ___ ha servit___ la cena. Era una signora di circa cinquant'anni, petto grande e braccia muscolose, più simile a un uomo che a una donna. Ma il marito aveva ragione: i suoi ravioli erano fantastici.

"Come ___ ha fatt___?", ___ ho chiest___.
"Il segreto è mettere le uova nella ricotta."
"Quante uova ___ ha mess___?"
"___ ___ ho mess___ due, non di più. E poi ___ ho mess___ anche tre cucchiai di parmigiano."

La donna ___ ha scritt___ la ricetta su un foglio e poi ___ ha chiest___:

"___ vuole ancora un po'?"
"Sì, grazie. Sono buonissimi."
"Va bene, allora ___ porto subito un altro piatto."

ESERCIZI Parte II • Il direttore d'orchestra

1 • Vero o falso?

Il direttore d'orchestra dice che	V	F
a. ha ucciso Antonietta.	☐	☐
b. alle dieci è andato nella camera di Antonietta.	☐	☐
c. alle undici ha telefonato ad Antonietta.	☐	☐
d. lui e Antonietta leggevano spesso la Bibbia.	☐	☐
e. tra lui e Antonietta non c'era nessuna relazione sentimentale.	☐	☐
f. Ivan è andato nella camera di Antonietta.	☐	☐

2 • Completa il testo con le espressioni della lista.

alla fine | senza | ancora | poi | mentre

finalmente | fino | mentre | insomma

Non so se conoscete *La Bohème*. Siamo a Parigi nel 1800. Rodolfo è un poeta ________________ soldi, Mimì una donna giovane e bella. I due s'innamorano e vivono una grande passione, ma lei, che è molto malata, ________________ muore. ________________, una storia romantica a tragica. La scena più bella dell'opera è alla fine del primo atto. ________________ a questo momento noi abbiamo conosciuto solo Rodolfo e di Mimì ________________ non sappiamo niente. Adesso, ________________, i due s'incontrano. È una scena famosa: Mimì, che abita nello stesso palazzo, bussa alla porta di Rodolfo e gli chiede di accenderle un lume. Rodolfo la invita ad entrare e le offre da bere; ________________ le accende il lume e la riaccompagna alla porta, ma la luce si spegne e la chiave di casa di Mimì cade per terra. ________________ la cercano, al buio, le loro mani s'incontrano. La mano di Mimì è fredda, gelata. Rodolfo la prende. Poi, ________________ l'orchestra suona una melodia dolcissima, inizia a cantare.

3 • Scegli l'espressione giusta.

Il marito di Giuseppina Reggiani era un bell'uomo: alto, sportivo, viso interessante e occhi neri. **Dopo/Prima/Mentre** lo spettacolo **l'/gli/ti** ho trovato al bar dell'albergo che beveva.

"Mi stavo **chiesto/chiedendo/chiedere** se Lei poteva essere l'assassino", **le/gli/ne** ho detto.
"Non **scherzare/scherzi/scherza**, per favore."
"L'altra sera Lei **andava/è andata/ è andato** nella camera di Antonietta verso le dieci. All'una la ragazza era morta; **ti/Le/gli** sembra uno scherzo?"

Gliel'/Le/L' ho visto cambiare espressione."

"**Senta/Senti/Sente**, signor Esposito, se dobbiamo parlare, è meglio andare da un'altra parte. Non voglio che qualcuno **ci ascolta/ ascoltarci/ci ascolti**."

Vicino **là/al/del** ponte di Rialto abbiamo trovato un bar ancora aperto. Quando ci siamo seduti **le/gliel'/gli** ho raccontato quello che avevo saputo da Alba, la violoncellista.

"È vero", ha detto lui, "Antonietta era la mia amante. L'altra sera **andavo/sono andato/ci sono andato** nella sua camera verso le dieci, ma non **l'ho uccisa/gli ho ucciso/l'ho ucciso** io."

Il ponte di Rialto

È uno dei monumenti più famosi di Venezia: il primo ponte sul Canal Grande costruito, inizialmente in legno nel 1180, per agevolare le attività mercantili.
I turisti che lo percorrono ogni giorno per curiosare nei piccoli negozi di maschere, cartoline e souvenir, possono ammirare uno spettacolo unico sul canale più grande di tutta la città, ma anche il passaggio da sotto, in vaporetto, riserva emozioni indimenticabili.

ESERCIZI Parte II • Il bulgaro

1 • Vero o falso?

	V	F
Ivan dice che		
a. fa il portiere, non il poliziotto.	☐	☐
b. doveva cantare un duetto con Antonietta.	☐	☐
c. vuole centomila lire per parlare.	☐	☐
d. non ha telefonato ad Antonietta.	☐	☐
e. legge la Bibbia perché è cristiano.	☐	☐
f. aveva una relazione con Antonietta.	☐	☐

2 • Completa il testo con i verbi.

Sono uscito di corsa dall'albergo. (*Fare*) ________________ freddo e (*avere*) ________________ i reumatismi. Siccome (*mangiare*) ________________ troppo, i pantaloni (*essere*) ________________ stretti. A volte (*fare*) ________________ il detective non è un bel lavoro. (*Arrivare*) ________________ alla fermata dei vaporetti, sul Canal Grande. L'ultimo (*passare*) ________________ da circa venti minuti. Il servizio (*ricominciare*) ________________ la mattina dopo. Se volevo andare alla stazione, (*dovere*) ________________ pensare a qualcos'altro.
(*Esserci*) ________________ un uomo con una barca che (*aspettare*) ________________ clienti là davanti, nel canale.

"(*Avere*) ________________ bisogno di un vaporetto, signore? (*Venire*) ________________, La porto io con la mia barca. Per centomila lire L'accompagno dove (*volere*) ________________."
"Ma è carissimo!", (*dire*) ________________. "Possibile che qui a Venezia (*costare*) ________________ tutto centomila lire?"
"Di notte i prezzi (*essere*) ________________ questi. Prendere o lasciare."

ESERCIZI Parte III • Il maresciallo

1 • Vero o falso?

A Napoli

	V	F
a. è morta Antonietta.	☐	☐
b. l'assassino ha ucciso ancora.	☐	☐
c. l'assassino ha ucciso la violoncellista.	☐	☐
d. l'assassino ha ucciso Alba.	☐	☐
e. la polizia ha arrestato Ivan.	☐	☐
f. la polizia ha arrestato il direttore d'orchestra.	☐	☐

2 • Completa il testo con le preposizioni.

Il camerino era piccolo, come tutti quelli _______ musicisti _______ orchestra. C'era una sedia, un tavolo e uno specchio. Il violoncello era vicino _______ porta; era _______ colore marrone scuro e aveva la data scritta _______ legno. Più _______ destra c'era una borsa; dentro si vedevano un'agenda, un paio di occhiali e un libro; _______ questo si leggeva anche il titolo: "Antonio Vivaldi, musicista veneziano. Vita e opere _______ prete rosso."
_______ stereo vicino _______ finestra usciva una musica triste.

Vivaldi, il prete rosso

Antonio Vivaldi (Venezia, 4 marzo 1678 – Vienna, 28 luglio 1741) è stato uno dei violinisti più virtuosi del suo tempo e uno dei più grandi compositori di musica barocca.
Veniva detto il *prete rosso* perché aveva i capelli rossi.
Compose tantissimi concerti, sonate e brani di musica sacra, ma le sue composizioni più famose sono i quattro concerti per violino conosciuti come *Le quattro stagioni*.

ESERCIZI Parte III • Il barbiere

1 • Vero o falso?

Esposito	V	F
a. ha arrestato Ivan.	☐	☐
b. si è sentito troppo sicuro di sé.	☐	☐
c. capisce che l'assassino è Enea.	☐	☐
d. capisce che l'assassino è il barbiere.	☐	☐

2 • Scrivi le parole della lista al posto giusto, come nell'esempio.

asciugamano | baffi | bocca | capelli | ~~mano~~

naso | occhiali | occhio | rasoio | sopracciglio | unghie

ESERCIZI Epilogo

1 • Vero o falso?

Enea	V	F
a. ha ucciso Giuseppina Reggiani.	☐	☐
b. ha ucciso la moglie.	☐	☐
c. ha ucciso Antonietta e Alba.	☐	☐
d. ha lasciato la moglie.	☐	☐
e. ha ucciso la moglie perché l'aveva lasciato.	☐	☐
f. ha ucciso perché la moglie l'aveva lasciato.	☐	☐

2 • Completa il testo con le espressioni della lista.

da quel momento	infine	dopo	prima	visto che

Tutto era iniziato il giorno in cui la moglie, ________________ trent'anni di matrimonio, era andata via con un altro. Enea di lei non aveva saputo più niente, ma ________________ aveva cominciato ad avere un odio profondo per tutte le donne. ________________ non poteva uccidere la moglie, aveva deciso di ammazzare le altre: ________________ Gegia, che però si era salvata, poi Antonietta e ________________ Alba. Giuseppina Reggiani doveva essere l'ultima.

Il golfo di Napoli

Siete a Napoli? Guardate verso il mare e godetevi il meraviglioso panorama del Vesuvio tra mare e cielo.
Nel golfo di Napoli ci sono numerose isole, per esempio Ischia, Procida, Capri.
Prendete il traghetto o l'aliscafo e resterete affascinati dalle bellezze naturalistiche, artistiche e naturalmente... gastronomiche!

SOLUZIONI ESERCIZI

Prologo • La ragazza

1• V: b, d, e; F: a, c • 2• aveva chiamati, aveva trovato, era, faceva, Era, sia arrivata, capiremo, è uscito, Era, Erano, c'era, è, voleva, ho fermato

Parte I • Il proprietario

1• V: a, d, e; F: b, c, f • 2• mi, li, gli, Le, si, *riparar*lo, *far*mi, mi, Lei, si, gli, ne, Glielo, Lei, se ne

Parte I • La cantante

1• V: b, d, e, f; F: a, c • 2• 1/a, 2/h, 3/d, 4/f, 5/b, 6/i, 7/e, 8/c, 9/g

Parte I • La segretaria

1• V: c, e, f; F: a, b, d, g • 2• vede, sta, si lamenti, dice, mi racconti, Esca, mi sono innervosito, Senti, sia, Cerca, rispondi, Scusi, cerca • 3• del solito, ancora, Siccome, a parte, vicino, in quel momento, dentro, perché, A un certo punto, dietro, ma, allora, fino, quando, ora

Parte I • La giovane cantante

1• V: a, c, d, f; F: b, e • 2• ha fatto, ho pensato, pagava, morivo, giravo, ho detto, sono arrivato, Ho cenato, sono andato, mi sono svegliato

Parte II • Il commissario

1• V: d, e, g; F: a, b, c, f

Parte II • Il violinista

1• V: b, d; F: a, c, e • 2• 1/a, 2/c, 3/d, 4/b, 5/g, 6/f, 7/i, 8/h, 9/e

Parte II • La violoncellista

1• V: b, d; F: a, c • 2• mi ha servito, li ha fatti, le ho chiesto, ci ha messo, Ce ne ho messe, ci ho messo, mi ha scritto, mi ha chiesto, Ne, gliene

Parte II • Il direttore d'orchestra

1• V: b, f; F: a, c, d, e • 2• senza, alla fine, Insomma, Fino, ancora, finalmente, poi, Mentre, mentre • 3• Dopo, l', chiedendo, gli, scherzi, è andato, Le, L', Senta, ci ascolti, al, gli, sono andato, l'ho uccisa

Parte II • Il bulgaro

1• V: b, e; F: a, c, d, f • 2• Faceva, avevo, avevo mangiato, erano, fare, Sono arrivato, era passato, sarebbe ricominciato, dovevo, c'era, aspettava, Ha, Venga, vuole, ho detto, costi, sono

Parte III • Il maresciallo

1• V: b, c, d, e; F: a, f • 2• dei, dell', alla, di, sul, a, di, del, Dallo, alla

Parte III • Il barbiere

1• V: c; F: a, b, d • 2• a. sopracciglio; b. occhiali; c. baffi; d. mano; e. rasoio; f. unghie; g. capelli; h. occhio; i. naso; l. bocca; m. asciugamano

Epilogo

1• V: c, f; F: a, b, d, e • 2• dopo, da quel momento, Visto che, prima, infine